MEDITACIÓN

Técnicas Para Lograr La Paz

(Llenar Tu Vida Con Felicidad)

Zeeb Sosa

Publicado Por Daniel Heath

© **Zeeb Sosa**

Todos los derechos reservados

Meditación: Técnicas Para Lograr La Paz (Llenar Tu Vida Con Felicidad)

ISBN 978-1-989808-53-5

Este documento está orientado a proporcionar información exacta y confiable con respecto al tema y asunto que trata. La publicación se vende con la idea de que el editor no esté obligado a prestar contabilidad, permitida oficialmente, u otros servicios cualificados. Si se necesita asesoramiento, legal o profesional, debería solicitar a una persona con experiencia en la profesión.

Desde una Declaración de Principios aceptada y aprobada tanto por un comité de la American Bar Association (el Colegio de Abogados de Estados Unidos) como por un comité de editores y asociaciones.

No se permite la reproducción, duplicado o transmisión de cualquier parte de este documento en cualquier medio electrónico o formato impreso. Se prohíbe de forma estricta la grabación de esta publicación así como tampoco se permite cualquier almacenamiento de este documento sin permiso escrito del editor. Todos los derechos reservados.

Se establece que la información que contiene este documento es veraz y coherente, ya que cualquier responsabilidad, en términos de falta de atención o de otro tipo, por el uso o abuso de cualquier política, proceso o dirección contenida en este documento será responsabilidad exclusiva y absoluta del lector receptor. Bajo ninguna circunstancia se hará responsable o culpable de forma legal al editor por cualquier reparación, daños o pérdida monetaria debido a la información aquí contenida, ya sea de forma directa o indirectamente.

Los respectivos autores son propietarios de todos los derechos de autor que no están en posesión del editor.

La información aquí contenida se ofrece únicamente con fines informativos y, como tal, es universal. La presentación de la información se realiza sin contrato ni ningún tipo de garantía.

Las marcas registradas utilizadas son sin ningún tipo de consentimiento y la publicación de la marca registrada es sin el permiso o respaldo del propietario de esta. Todas las marcas registradas y demás marcas incluidas en este libro son solo para fines de aclaración y son propiedad de los mismos propietarios, no están afiliadas a este documento.

TABLA DE CONTENIDO

Parte 1 1

Introducción 2

Capítulo 1: ¿Qué Es La Meditación? 5

MEDITACIÓN DEL SONIDO PRIMORDIAL 6
MEDITACIÓN CONSCIENTE 7
MEDITACIÓN ZEN 8
MEDITACIÓN TRASCENDENTAL 8

Capítulo 2: Aprender A No Pensar En Nada Y Relajarse 10

INTENTAR NO PENSAR EN NADA 11
EJERCICIO DE RELAJACIÓN 12

Capítulo 3: Meditación Consciente En Solitario 16

ESCOGER UN LUGAR 16
ESCOGER LA POSTURA 17

Capítulo 4: Meditar Con Ejercicios De Respiración 21

Capítulo 5: Cosas Que Ayudan Al Meditar 27

¿CÓMO AYUDA ESTO? 27

Conclusión 30

Parte 2 33

Introducción 34

Meditación 37

Contexto Histórico De Meditación 39

Tipos De Meditación 45

Beneficios De La Meditación 50

Antes De Meditar 56

Técnicas De Meditación 60

Contar La Respiración 71

Formas De Meditación 76

Pautas Sobre La Meditación 84

Pautas Adicionales Sobre La Meditación Caminando......... 90

Investigaciones Científicas Del Efecto De La Meditación.... 92

LA MEDITACIÓN AYUDA A PRESERVAR EL ENVEJECIMIENTO DEL CEREBRO 93
LA MEDITACIÓN REDUCE LA ACTIVIDAD DEL CEREBRO "CENTRADA EN UNO MISMO" 93
SUS EFECTOS ANTIDEPRESIVOS PARA COMBATIR LA DEPRESIÓN, LA ANSIEDAD 94
LA MEDITACIÓN PUEDE CONLLEVAR CAMBIOS DE VOLUMEN EN ÁREAS CLAVE DEL CEREBRO 96
LA MEDITACIÓN PUEDE AYUDAR CON LAS ADICCIONES................... 97

Mayores Desafíos De La Meditación Y Soluciones 99

IMPACIENCIA 99
FALTA DE TIEMPO 100
FALTA DE SUEÑO 101
SENTIRSE SOSTENIDO 102
FINALIZACIÓN CORTA 103
DOLOR CORPORAL E IRRITACIÓN 104

Formas De Promover La Meditación En Nuestra Sociedad
.... 105

Conclusión 108

Parte 1

Introducción

Cuando las personas hablan de meditación suelen confundirse con los diferentes tipos que existen y dudan de su capacidad de concentrarse y dejar de pensar. Para quienes llevan una vida ocupadaes extraño ver imágenes de personas sentadas en posiciones difíciles y tienen la impresión de que la meditación es demasiado compleja para ellos.

Otros se benefician porque prueban la meditación y descubren que esta logra centrar su vida. Ayuda a que los sentidos estén más despiertos y trae paz y felicidad a lo que suele ser una vida caótica. Para los principiantes no es una cuestión de habilidad, sino una cuestión de tiempo, porque cuanto antes se aprendan estas técnicas, mayores serán los beneficios que se sentiránal meditar.

¿Crees tener una vida ocupada? La meditación ayuda a tomar mejores decisiones y a incrementar la productividad. ¿Cómo? Pues te ayuda a concentrarte mejor y a tomar decisiones más rápido con una mente más clara. Muchos empresarios han descubierto que la meditación los ayuda a permanecer en sintonía consigo mismo de modo que pueden evitar dudar.

También vale la pena mencionar los beneficios a la salud que conlleva la meditación, ya que muchos permiten que sus niveles de estrés se incrementen, lo que puede fomentar todo tipo de enfermedades. Sin embargo, la meditación ayuda a retener la habilidad de vivir una vida feliz y balanceada a pesar del estrés, porque ayuda a poner la vida de quien la practica en perspectiva.

¿Crees que no es suficiente información para tomar una decisión? Sigue leyendo, porque este libro está escrito como una introducción a una manera transformadora de ver la vida. Es un acercamiento, sin dudas beneficioso, que se usa en todo el mundo para ayudar a la gente a volverse más centrada y a estar en paz con el mundo en el que viven. La práctica budista y el acercamiento oriental a prácticas similares están bien establecidos. No se trata de una actividad de moda. De hecho, quienes la practican de forma regular pueden asegurar que la meditaciónles ha traídobeneficios. Lee, disfruta y entonces toma una decisión porque este libro está escrito para principiantes.

Capítulo 1: ¿Qué es la meditación?

La meditación es concentrarte en algo más que el ruido de tus pensamientos. Puede que veas a personas sentadas en lo que parece una posición incómoda, pero no debes preocuparte por eso. Esto lo hacen quienes practican yoga, que va mano a mano con ciertos tipos de meditación. La meditación toma muchas formas, desde concentrarse en respirar a concentrarse en un objeto específico.Lo que permite la meditación es que la mente se centre en algo que no sean las influencias externas que la vida arroja en el camino de todos en su día a día.

Aquí hay ejemplos de diferentes tipos de meditación. Estas ideas te ayudarán a decidir qué tipo de meditación iría mejor contigo. Recuerda que eres tú quien necesita los beneficios de la meditación que practiques, y otros tipos serán más apropiados para otro tipo de persona.

Meditación del sonido primordial

Este tipo de meditación la practican por lo general los hindúes. Puedes encontrar centros Chopra por todo el mundo si decides empezar este tipo de meditación, y la idea es que uses un mantra. Es decir, una frase que repites para concentrarte en el mantra y nada más, lo que ayuda a liberar la mente de otros pensamientos. Es un método de meditación muy antiguo; los mantras se escogen de acuerdo a la fecha y hora de nacimiento y consiste en sonidos que se calculan usando fórmulas védicas.

Se practica sentándose en silencio por un lapso de tiempo determinado. Esto es más difícil de lo que crees. Debes mantener los ojos cerrados y cubrirte los oídos con los dedos para obstruir el sonido. Una vez relajado, se debe repetir el mantra y no pensar en nada más. Los practicantes deben escuchar las vibraciones y permanecer en sintonía con ellas. Este tipo de meditación se centra en el intelecto o en el chakra de la corona que se localiza en la parte superior de la cabeza.

Meditación consciente

Esta es una elección común para personas que nunca han experimentado con la meditación ya que ayuda a que los estudiantes logren relajarse y los incentiva a concentrarse en partes del cuerpo hasta volverse conscientes de cada una, similar a las técnicas de relajación que usan los profesionales de la salud. Lo que la lleva más allá es concentrarse en la respiración. Los ejercicios que haces con esta clase de meditación son directos y se pueden practicar en solitario en un lugar tranquilo para ayudar a centrar y despertar la mente. Es una forma de meditación ideal para quienes buscan paz interior, un mejor entendimiento y escapar del estrés de la vida diaria.

La meditación consciente hace que te centres en el momento en el que vives. Esto significa que empiezas a apreciar cada momento por lo que ofrece, en lugar de caminar por la vida con los ojos cerrados ante las oportunidades.

Meditación zen

Este es el tipo de meditación que practican los monjes budistas e incentiva a que te concentres en tu interior. Con esta meditación también debes concentrarte en la respiración y en la unidad entre tú y el universo. Posiblemente es uno de los métodos que se practican mejor con la enseñanza de un maestro experimentado.

Meditación trascendental

Es muy similar a la meditación del sonido que mencionamos antes, porque depende de un mantra y también usa palabras del sánscrito que no te serán familiares. La idea de los mantras es que son palabras a las que no les das un significado. Porque, por ejemplo, cuando usas una palabra que reconoces, tu mente directamente pensará en lo que significa. Con la meditación trascendental te concentras en esas palabras para que tu mente se aleje de los pensamientos del día a día. Esta fue la clase de meditación que se volvió popular en los sesenta cuando los Beatles se involucraron en prácticas de meditación.

Estas son las formas comunes de meditación y puede que encuentres un lugar en el que den clases en donde vives. También podrías visitar un retiro conocido o un Ashram ya que estos son lugares específicamente diseñados para ayudar a quienes quieren aprender prácticas para meditar con entrenadores bien instruidos en la complejidad de la meditación. También proporcionan un descanso alejado de todo el ambiente normal y junto a otros que también buscan la paz mental a través de la meditación.

Capítulo 2: Aprender a no pensar en nada y relajarse

Durante las técnicas de relajación se pide a los estudiantes que se concentren en partes del cuerpo y que sean conscientes de cómo se tensan y se relajan. El maestro o guía explica al estudiante cómo puede alejarse de otros pensamientos y simplemente concentrarse en cada parte al recostarse en una posición cómoda, de modo que no se distraiga. Esto resulta beneficioso para quienes viven estresados y se ven incapaces de encontrar la tranquilidad. Sin embargo, la meditación da un paso más allá. Con algunas formas de meditación se fomenta no pensar en nada. Es algo difícil y suele ser la razón de que muchos principiantes escojan la meditación consciente, ya que les da algo en lo que concentrarse. En esta práctica la idea es centrarse en la respiración y muchas variantes de la meditación también usan este método.

Intentar no pensar en nada

Mientras tanto, intenta encontrar un lugar tranquilo sin ruidos externos. Ponte en una posición en la que el cuerpo se sienta cómodo, de preferencia sentado con las rodillas y los pies cruzados. Coloca las manos sobre las rodillas. Si practicas el ejercicio de no pensar en nada, puede que descubras que eres capaz de hacerlo, pero aún así te parezca muy difícil. Lo que sabrás con esto será qué tipo de meditación será mejor para ti. Cierra los ojos. Pon un cronómetro y luego mira cuánto tiempo puedes permanecer sin pensar en nada.

Esto no es meditar. En este punto se trata de una evaluación de tus necesidades personales. Fíjate cuánto tiempo eres capaz de no pensar. Mantén un registro del tiempo que puedes manejar, aunque solo sea una pequeña nota mental. Vuelve a intentarlo otro día y concéntrate en no pensar absolutamente en nada para aclarar tu mente y tus pensamientos.

Apenas entre algún pensamiento a tu cabeza, algo que sucederá, intenta volver a centrarte.

La idea de este ejercicio es que evalúes tus necesidades con la meditación. Es probable que, si nunca antes has intentado meditar, funcione mejor contigo el tipo de meditación en la que te dan algo en lo que concentrarte. Pasar tiempo en silencio y sin pensamientos te ayudará a relajarte, e incluso si te resulta imposible quitar los pensamientos de tu cabeza, la meditación consciente o la meditación del sonido primordial funcionarán muy bien contigo porque reemplazan ese vacío y te dan algo en lo que pensar, lo que puede resultar muy útil al meditar.

Ejercicio de relajación

Este ejercicio está diseñado para ayudar a relajarte. La relajación es una parte integral de la meditación, de modo que este ejercicio te ayudará a prepararte para empezar prácticas más serias.

Recuéstate en un lugar sin distracciones o ruidos externos. Si hay alguna televisión encendida en los alrededores, apágala. Fíjate que la ropa que lleves puesta sea cómoda y no ajustada. Desabrocha cualquier cinturón y asegúrate de que no lleves nada que te moleste o irrite la piel.

Cierra los ojos. Concéntrate en los dedos de los pies. Ténsalos hasta que puedas sentir cómo se mueven. Luego trasládate hacia el tobillo y repite el proceso. Concéntrate, ténsalo y luego suelta. Trabaja tu cuerpo desde el tobillo a la rodilla, de la rodilla al muslo y sigue con el resto del cuerpo, las muñecas, el cuello, hasta la parte superior de la cabeza. Cada vez que pases a otra parte, respira y presta atención al aire que inhalas por la boca y exhalas por la nariz.

Cuando hayas pasado por todo el cuerpo deberías sentirte más relajado. Abre los ojos y lentamente empieza a habituarte a la habitación que te rodea. No te apresures. Tómate tu tiempo y siente los beneficios de la relajación. Vuelve a sentarte poco a poco.

La idea de este ejercicio es ayudarte a ver que la relajación puede quitar de tu cabeza las preocupaciones del día, al menos por el tiempo que logres relajarte. Esto quiere decir que con la práctica continua podrás sentirte de este modo por mucho más tiempo sin tener que hacer el proceso de relajación. Cuando meditas te concentras en las cosas de las que eres consciente, aceptas la vida y sientes una gran sensación de bienestar que te hace sentir genial y promueve tu fuerza interior para enfrentar los problemas diarios. De eso se trata la meditación; es una forma de beneficiarte al recargar las baterías y hacerte más eficiente y capaz siendo consciente, pero sin inducir cualquier clase de estrés.

Si estos ejercicios funcionan para ti, podrás meditar por tu cuenta. Sin embargo, si crees que necesitas el apoyo de un maestro calificado y otros estudiantes, entonces una clase puede ser la mejor manera de aprender los pros y los contras de la meditación, bajo su guía y con el incentivo de otros que sienten que la experiencia es un poco confusa.

Capítulo 3: Meditación consciente en solitario

Este es un tipo de meditación fácil de practicar estando solo. Quizá prefieras la disciplina de aprender en una clase y está bien, pero mientras tanto lo mejor es ir probando con tu primera experiencia meditando. La meditación consciente puede ser útil en cualquier momento de tu vida que te sientas estresado o triste. Ayuda a que te sientas feliz y a sentirte uno con el mundo que te rodea.

Escoger un lugar

Mientras no haya nada que te distraiga y puedas sentirte a salvo y solo, puedes practicar en cualquier lugar. El ambiente del lugar que escojas debe ser tranquilo. Debes estar solo y sin distracciones, pero también es posible hacerlo en una habitación tranquila en el trabajo o en la comodidad del hogar.

Escoger la postura

Puede que aún no seas consciente de ello, pero puedes meditar de pie, caminando e incluso sentado o recostado. Para tus primeras experiencias la mejor posición es estando sentado de forma cómoda. Debes evitar usar cualquier tipo de ropa que apriete porque esto distraerá tu mente y no es un buen modo de empezar a meditar.

Estando sentado necesitas tener la espalda derecha. La espina dorsal debe mantenerse recta durante todo el proceso así que mantente al tanto y no te encorves. Es por esta razón que las personas que hacen yoga se sientan en el suelo o en una alfombra con las piernas cruzadas. No intentes doblar el pie con una posición de yoga porque es demasiado difícil para un principiante. Simplemente cruza los tobillos frente a ti.

Posiciona las manos para que descansen

sobre las rodillas y junta el pulgar con el dedo índice. Si no logras acostumbrarte a esta posición y se siente poco natural, simplemente relaja las manos sobre las rodillas.

Inclina la cabeza ligeramente hacia adelante porque eso ayuda a respirar con mayor facilidad y será la posición más cómoda para tu primera experiencia meditando. Recuerda inclinarla desde el cuello, no de los hombros.
Existen varios principios en la meditación consciente:

- Consciencia del cuerpo
- Consciencia de todas las sensaciones dentro del cuerpo y de la mente
- Consciencia aplicada a los patrones de pensamientos
- Pensamiento consciente

Cada uno de ellos aporta beneficios, pero como es tu primera sesión es importante no complicarse demasiado. Los primeros dos principios pueden parecer similares, pero son completamente diferentes. La consciencia del cuerpo es simplemente reconocer cada parte de él como has hecho en el ejercicio de relajación anteriormente.

La consciencia de todas las sensaciones significa que literalmente pienses en cómo te hace sentir cada parte del cuerpo. Experimentarás incomodidad si la hay, dolor si duele algo, y te volverás consciente de la imagen mental de cómo se siente esa parte del cuerpo. En el primer tipo de meditación solo eres consciente de la existencia de cada parte del cuerpo y quizá sea lo mejor para un principiante porque no te distrae demasiado.

Empezar tu sesión de meditación

Una vez que estés cómodo y en posición es hora de comenzar el viaje a la meditación. Cierra los ojos para ignorar las influenciasexteriores. Localiza los pies. No pienses en nada más que el dedo del pie, luego el siguiente, pero hazlo lentamente, trabajando el cuerpo hacia arriba y siendo consciente de esa parte y nada más.

Atraviesa cada parte del cuerpo, pero hazlo lento, sin pensar en nada más que en esa parte. También puedes incluir órganos internos y pensar en el hígado, el bazo, el estómago, los pulmones, los músculos de los hombros, del cuello, etc., pero tu mente solo debería ser consciente de la parte del cuerpo en la que te concentres. No debes pensar demasiado en ello o distraerte con nada que no sea esa parte.Una vez que termines de meditar y hayas cubierto cada parte de ti, mantén los ojos cerrados. Inhala y exhala muy despacio y entonces abre los ojos.

Capítulo 4: Meditar con ejercicios de respiración

Este es el modo en el que meditan muchas personas en la India y es muy útil para ayudar a centrar tu atención en una situación difícil. Ayuda a que te sientas con más energía y a que seas capaz de concentrarte de un modo determinado. Este tipo de meditación es útil si tienes una reunión complicada o si solo quieres sentirte en paz contigo mismo. Si eres alguien que no suele estar relajado y siempre se siente tenso y estresado, esta es una gran meditación que puedes intentar porque ayuda a que te sientas en calma incluso si no pasas por un buen momento.

Siéntate en un lugar tranquilo. Asegúrate de tener la espalda derecha, escoge una posición para sentarte en la que las piernas se sientan cómodas y pon las manos sobre el regazo. Si tomas clases por lo general se usa la posición tradicional de yoga, pero si quieres practicar durante el día o en el trabajo en un lugar tranquilo, no hay nada que te impida usar una postura cómoda que te de suficiente soporte corporal.

Deberías inclinar la cabeza ligeramente hacia adelante para mantener una mejor respiración. Con esta meditación tienes algo en lo que concentrarte. Ponte en posición y siéntate en la tranquilidad de una habitación durante unos minutos antes de empezar. Lo difícil para muchos principiantes es separarse de sus vidas ocupadas y adentrarse en un estado de meditación, así que recuerda siempre aclimatarte a la habitación, a la nueva posición y luego a la meditación, en lugar de esperar que tu mente reaccione de un estado a otro de forma inmediata. No funciona de ese modo y es más probable que sientas el «ruido» en tu interior si intentas meditar justo después de entrar a la habitación. El cuerpo aún seguirá en un estado activo así que necesitas que se relaje a su ritmo.

Cuando estés cómodo y en silencio y las ropas no te incomoden en lo más mínimo, puedes empezar a meditar. El objetivo de la meditación es que te vuelvas consciente de nada más excepto tu respiración. Vas a inhalar por la nariz y exhalar por la boca a cierto ritmo siguiendo los pasos a continuación.

Inhala por la nariz y percibe el aire que dejas entrar a tu cuerpo mientras cuentas mentalmente hasta seis. Mantén el aire. Siéntelo dentro de tu cuerpo. Exhala por la boca lentamente pero a la cuenta de ocho.

Continua de este modo, recuerda que la respiración está controlada y que solo deberías pensar en la respiración y nada más. No dejes que influencias eternas interrumpan tu concentración. Estás dando a tu mente un descanso alejado del mundo, lo que ayuda a que puedas concentrarte en cualquier problema que se te presente.

Este tipo de meditación no necesita ningún

mantra. El mantra es tu respiración. Si este tipo de meditación te resulta útil puede que quieras desarrollarlo y perfeccionarlo, y si ese es el caso una clase puede ser excepcionalmente útil para ti tanto en meditación como en yoga, porque esta parte se desarrolla en un período de tiempo y podrás fortalecerte de los ejercicios que hagas con otros. También refuerza tu voluntad de meditar porque puedes ver los beneficios muy pronto y querrás continuar hasta alcanzar un nivel más profundo de meditación y que puedes lograr a través del yoga.

La calidad de tu respiración es algo en lo que quizás nunca piensas. En realidad la mayoría lo toma por sentado. La razón por la que te concentras en ello es porque cuando lo piensas en profundidad no puedes pensar en otras cosas que te distraigan. Alcanzas la paz interior que buscas y que está dentro de cada uno aunque muchos no se dan cuenta.

Es esta paz que encuentras en tu interior la

que te hace más fuerte, más feliz y te ayuda a liberar el estrés. Quizás recuerdas ese ejercicio de respirar en una bolsa que hace la gente cuando sufre de ataques de ansiedad. La idea es que puedas distraer tu mente y se centre en la respiración además de ajustar el nivel de oxígeno en el cuerpo. Cuando usas técnicas de meditación como las que se mencionan en este capítulo, aprendes a calmarte, a centrarte y a relajar el cuerpo y la mente.

Una vez que descubras cómo hacerlo sin distraerte permitirás que tu mente se vuelva consciente de la respiración y al mismo tiempo haces mucho más que eso. Le enseñas a tu mente a desconectarse de todo lo que sucede a tu alrededor. Los practicantes con mayor experiencia pueden hacer este tipo de meditación incluso cuando están rodeados de gente.

Puede que encuentres lugares cerca de una fuente de agua que te parezcan tranquilos, aunque mientras tengas poca experiencia es probable que el sonido de las ondas del agua o de una corriente te resulte una distracción; sin embargo, puedes introducir este tipo de meditación en ese ambiente para reforzar tu habilidad de concentración en la respiración.

Capítulo 5: Cosas que ayudan al meditar

En verdad vale la pena cuidarte a ti mismo y sacar provecho de las cosas positivas que te rodean; es decir, ser consciente de cada momento. Mientras comes, en lugar de solo tragar la comida como en toda rutina, céntrate en el sabor que llega a tu paladar. Percibe las diferentes texturas.

Cuando caminas cerca de las flores en un parque, presta atención a la delicadeza de sus pétalos, al aroma de la planta y al modo en que crecen las hojas. Presta atención al aire que respiras.

¿Cómo ayuda esto?

Ayuda a que te vuelvas consciente. Estar consciente es tener una mente que acepta todo lo que se le presenta y ve el lado positivo de la vida. Esto ayuda a volverte una persona mucho más feliz. Durante la primavera, nota como el clima frío se ha disipado y la onda cálida permite quitarte todas esas capas de ropa. Disfruta del sol y siéntelo sobre la piel.

Deléitate comiendo fruta y percibe el jugo que ayuda a enriquecerte de vitaminas. Disfruta de la naturaleza lo más que puedas y asegúrate de pasar tiempo a solas en un ambiente natural porque la naturaleza es un gran apoyo que te ayuda a enmendar las cosas malas en las que puedes estar pensando. Cuanto más te concentres en las que cosas que te rodean y en su belleza, es más probable que te sientas menos estresado e incompleto.

Es por este motivo que la meditación consciente suele estar por encima de las demás para los principiantes. Cuando te vuelves consciente y te dejas embriagar por lo que te rodea, el interior de tu cuerpo y la respiración te ayudan a sentirte más centrado y menos estresado. Los ejercicios de respiración también son muy buenos para momentos en la vida en los que necesitas recuperar fuerzas y prepararte para enfrentar tiempos difíciles o problemas complicados para resolver una situación. Verás con mayor claridad. Serás capaz de encontrar respuestas en tu interior que la meditación permite que veas.

Sin la meditación no puedes dar esa claridad a tu mente.

Conclusión

Si te encuentras a punto de querer empezar a meditar pero aún no te atreves a tomar clases, intenta los ejercicios que se mencionan en los capítulos anteriores, porque te darán una idea de los beneficios de la meditación. Puedes avanzar al unirte a una clase y aprender con otros que, al igual que tú, quieren alcanzar ese lugar en su interior que les trae paz y armonía.

El poder de la meditación para liberar estrés es incuestionable y ayuda a fortalecerte para que puedas notar las cosas buenas cuando la vida te trata mal. Ayuda a que te concentres y te vuelvas más consciente de ti mismo y tu papel en el ambiente en el que vives.

Si piensas lógicamente en qué significa vivir el momento, significa ser consciente de un momento en particular de tu vida. Significa dejar atrás las cargas del pasado durante el momento de meditación y no estar triste debido a la preocupación por el futuro. El presente puede ser el único momento que tengas y ser totalmente consciente de ello te permitirá empezar a apreciar la vida a un nivel diferente del que lo has hecho en el pasado. Empezarás a ver que las cosas triviales no tienen importancia y serás capaz de centrarte en cosas que tienen mayor valor.

La práctica te ayudará a mejorar en la meditación. Empezarás a perder esa voz en tu interior que habla más de la cuenta. En lugar de pensar en problemas, en las cosas que te han dicho los demás, en heridas del pasado, empezarás a sentir el momento y eso es algo muy valioso. Te ayudará a ver la vida desde una nueva perspectiva y a aprovechar cada oportunidad que se te presente.

La meditación ayudará a que te sientes con más fuerza, más tranquilo y capaz de relajarte. Muchas personas hoy en día nunca se relajan y esperan que su vida se desarrolle a la perfección mientras que no le dan al cuerpo lo que necesita. Todos necesitan esa paz mental y, aún así, día tras día estas personas son las que más lo necesitan pero son las que menos se benefician porque no se dan un tiempo y no pueden desconectar su mente de los problemas del mundo. Eso es vital cuando buscas paz y felicidad. Incluso si tienes un trabajo ocupado y estresante, hacer un poco de tiempo para meditar te fortalecerá y te hará capaz de hacer más cosas sin estresarte. Tu mente estará más organizada. Tu espíritu estará más feliz y tu cuerpo probablemente se sienta más cómodo porque serás consciente de sus necesidades.

Parte 2

INTRODUCCIÓN

Sigmond Freud, psicólogo estadounidense del siglo XVIII, sostenía que la mente humana es similar a la máquina de vapor de la revolución industrial, poderosa y consistente hasta que se alcanza la capacidad máxima y, como una avalancha, la eficiencia disminuye constantemente a medida que aumenta. A la mente le resulta difícil procesar la información de manera eficiente y, finalmente, enviar una señal roja al cerebro, que a su vez instruye a las señales fisiológicas para que comiencen a descansar.

Naturalmente, el descanso predeterminado para el cuerpo humano es el sueño, durante el cual las actividades de la mayor parte del cuerpo se reducen o se detienen, entonces el sistema bioquímico y fisiológico comienza a renovar y reparar los recursos agotados. Pero la investigación ha demostrado que la voluntad de dormir tiene un efecto limitado en la reconfiguración de la mente a su eficiencia predeterminada debido a actividades subconscientes que continúan afectándola en forma de sueño y pesadillas, esto implica que la mente está sujeta a una función lineal con una función no proporcional de descanso. Por lo tanto, la mente debe contar con medios alternativos de descanso para garantizar la longevidad de la eficiencia de la regularidad.

Destacados psicólogos como Jon Kabat-zinn, Narenda Modi, Alexander C.N, entre otros, proponen un medio consciente y monitoreado con la máxima concentración como caminar en solitario, música en solitario y meditación. Entre los que la meditación es acogida de manera más extendida en el mundo antiguo y moderno.

La meditación es única por su capacidad de coordinar el estado consciente y subconsciente de la mente humana con la máxima concentración mientras se involucra al cuerpo en la coordinación preprogramada. Las actividades bioquímicas del cuerpo también están en proceso mejoradas debido a la respiración controlada y efectiva. Esto hace de la meditación un campo importante que el ser humano debería explorar para mejorar el bienestar mental y físico, con una mejora subsecuente en la coordinación social.

MEDITACIÓN

La meditación puede considerarse simplemente como una actividad o práctica devota en la que un individuo se enfoca en una entidad u objeto en particular, aunque normalmente se trata de actividades religiosas con la máxima concentración para lograr un estado mental emocionalmente claro.

Extensamente, la meditación es una práctica religiosa o psicológica común entre la sociedad hindú, buddhi y juddai que involucra un estado corporal inmóvil o armónico durante el cual se controla la respiración en profundidad, todo para proporcionar a la mente un medio monopolizado y concentrado para reflexionar y descansar. La meditación es el resultado de un estado mental relativamente tranquilo. La meditación a menudo se mejora con actividades secundarias como el canto y la música suave.

Psicológicamente, la meditación es la práctica de desviar la atención a un único punto de referencia con un enfoque en la sensación corporal y alejar la atención de los pensamientos que distraen y centrarse en el momento presente. Más aún, el yoga se ha meditado como un paso llamado Dhyana, que es un medio por el cual los humanos alcanzan la proximidad espiritual y mental a través de un conjunto de acciones mentales definidas. La meditación es como una familia de prácticas de regulación que se centran en capacitar la atención y la concientización para llevar el proceso mental a un mayor control voluntario y, por lo tanto, fomentar el bienestar y el desarrollo mental en general. Roger Walsh y Shauna Shapiro se refieren a la meditación como el encuentro de la disciplina meditativa y la psicología occidental.

CONTEXTO HISTÓRICO DE MEDITACIÓN

La práctica de la meditación se remonta al mundo antiguo que surge de la filosofía de las religiones asiáticas.

Budismo: la religión popular china de los primeros siglos consideró la meditación como un pasaje de liberación a la mente humana. La filosofía fue ampliamente aceptada por los seguidores del budismo debido a la relativa tranquilidad y la sensación de asilamiento que se experimenta a través de la meditación. La investigación demuestra que la meditación budista fue influenciada por la cultura externa, por lo tanto, la religión reclama el origen de la meditación.

Aunque es el padre fundador de la religión, se sabe que Buda se ausentaba mucho de la sociedad y se retiraba a un lugar aislado con la intención de tener tiempo libre para explorar y reflejar la mente. La meditación no fue ampliamente aceptada hasta después de su muerte y posterior modificación por parte del líder de la religión. Por el contrario, otros líderes de la religión argumentan que la práctica de la meditación es original y no adulterada como lo es del mismo Buda, en cualquier caso, el terreno común es que es más probable que la meditación se origine en la antigua dinastía china.

Un artículo publicado por la Asociación Budista de América de hombres jóvenes afirma que lo opuesto a la sabiduría es la ignorancia. Prajna (un tema de la sabiduría) ilumina la ilusión, es decir, la ignorancia hasta que la ignorancia se desvanece y la mente vuelve a su propia naturaleza o pureza. A Prajna se le ha descrito como una entidad mental a la que solo se puede llegar a través de la meditación. Esto da la idea de que la meditación se asume contra la ignorancia en el budismo.

Islam: La religión islámica que surgió en Oriente Medio alrededor del siglo VI tiene una práctica importante de Dhirk (traducida literalmente como recuerdo) que está bien representada en nuestras definiciones de meditación. Los meditadores de la religión islámica (musulmán) que observan su Dhirk a menudo se sientan aislados o se agrupan generalmente en la mezquita, con orientación hacia el norte geográfico a un estimado de 6. Luego recita los 99 nombres de Alá (los 99 adjetivos se atribuyen a la ser divino en el Islam) en voz relativamente baja, aislada o uniformemente, es una voz armónica de grupo. Durante este proceso, se cree que el musulmán tiene una mayor conexión y audiencia con el ser Todopoderoso (Alá).

El sufismo, una secta islámica que surgió alrededor del siglo XII tiene entre su práctica, una técnica meditativa específica durante la cual los seguidores se involucraron en el control, respiraron con frecuencia y con los ojos cerrados, la recitación de la palabra espiritual sigue en secuencia repetitiva hasta que se alcanza un estado de conciencia limitada del entorno inmediato. Esto es considerado por la secta como un medio absoluto de limpiar y mejorar la conexión con el ser divino.

Cristianismo: Una hipótesis no autorizada afirma que, debido a la influencia del sufismo en el este, se involucran en una práctica de Hesychasm generalmente entre los griegos, durante el cual los meditadores se retiran a la Montaña Regional en grupos y recitan la oración de Jesús con un estado mental meditativo.

Contrariamente a la técnica de la meditación cristiana oriental, la meditación occidental se realiza por medio de la recitación de la Biblia por lo general entre los monjes. Esto comenzó alrededor del siglo VI en el Imperio Romano. Filósofos religiosos como San Ignacio hicieron modificaciones adicionales en la meditación cristiana occidental al involucrar al seguidor en una breve sesión de reflexión sobre los versículos de las Escrituras. Actualmente se está realizando una modificación continua en la meditación cristiana desde el siglo pasado por un prominente líder de la religión protestante.

Hindismo: El principio de la meditación es bastante secular como práctica en la India y otros países con hinduismo. Aunque la meditación hindú secular se introdujo a principios de 1950, rápidamente obtuvo adeptos en Europa del Este y América debido a su énfasis en el autodesarrollo y la reducción del estrés. También condujo al estudio de la implicación científica de la meditación a acaparar la atención.

En la India, los seguidores a menudo se retiran al monte Himalaya durante días de extensa meditación con la creencia de alcanzar un estado mental puro. El crecimiento de la peregrinación a la montaña espiritual en la India por parte de extranjeros en notable. Esto coloca a la meditación orientada al hinduismo como la de más rápido crecimiento en el mundo moderno.

Judaísmo: La práctica de la meditación está bien proclamada en su Cabalá. Otras religiones que practican vívidamente la meditación son:

>Confucionismo

>Taoísmo

Se ha demostrado hasta ahora que la contribución de la religión al desarrollo de la meditación como práctica no puede exagerarse. La consistencia de la meditación durante el milenio ha golpeado la curiosidad de la ciencia. En la década de 1970, se realizaron muchas investigaciones científicas que eventualmente llevaron al descubrimiento de las inmensas ventajas de la meditación en la mente y el cuerpo humanos y la subsiguiente implicación de la sociedad.

TIPOS DE MEDITACIÓN

La influencia de la religión y la espiritualidad en la meditación ha generado una diversidad distintiva en las filosofías de la meditación. Por lo tanto, conduce a tipos de meditación con cada uno teniendo características distintas. Las principales divisiones se discuten más adelante.

Meditación por concentración: A menudo es considerado como lo esencial de toda forma de meditación. Requiere la convergencia del enfoque en un objeto particular del pensamiento. La mente está entrenada para concentrar sus actividades en una sola entidad sin divergencias o distracciones con respecto a cualquier otro pensamiento, sin importar cuán similares o relacionados estén. A diferencia de otro tipo de meditación, la meditación concentrada no implica necesariamente la trascendencia de la mente a la subsconciencia, solo requiere la retirada de ese entorno y sujeto mental a un objeto particular o la nada. Esto permite que la mente esté calmada y sea constructiva en la exploración del pensamiento elegido.

Este tipo de meditación a menudo mejora la resolución de problemas y la comprensión del problema con una distracción mínima y un tiempo relativamente corto. También afecta positivamente la capacidad del cerebro para procesar información con menos estrés, se sabe que los estrategas han adoptado ampliamente esta forma de meditación. Algunas técnicas de la meditación por concentración son la meditación Zen, la Meditación Trascendental y la meditación Chakra

Meditación reflectiva: el nombre implica que es una forma de pensamiento disciplinado que involucró el análisis completo de los objetos del pensamiento. Se elige un tema y las reflexiones se enfocan en el tema mediante el uso de preguntas analíticas que sirven para investigar y comprender los fundamentos y la profundidad del tema elegido para evitar la distracción, pero se puede comparar y contrastar categóricamente el tema.

Estimula la revolución y el poder de decisión transformador con la mejora humana con mayor convicción y fuerza para cambiar el curso de la vida. Las herramientas analíticas que se utilizan a menudo en la meditación reflexiva son preguntas adverbiales como por qué, cómo, quién, cuándo, entre otras.

Meditación de plenitud mental: Es la forma más espiritual de la meditación. Se enfoca en mejorar la capacidad del ser humano para estar consciente de las cosas que están ocurriendo en su entorno físico y mental inmediato. Su objetivo es mejorar la calma del final reduciendo la ansiedad.

Este tipo de meditación puede abarcar diferentes objetos de pensamiento sin pensamiento conflictivo, además la mente puede estar en blanco con un enfoque en la respiración. Requiere un tiempo de práctica más prolongado, generalmente de 15 minutos como mínimo, y no es necesario que los ojos estén cerrados en la posición elegida. Pensando en la práctica de la atención plena, los humanos desarrollan y fortalecen el aspecto natural de su mente. Un ejemplo cercano es en Dhirk islámico.

Meditación centrada en el corazón: A menudo recomendada para personas hostiles, la meditación centrada en el corazón implica el cambio y la concentración del enfoque hacia las actividades adeudadas del corazón. Se cree que ayuda a reducir el miedo y la tristeza, y el reemplazo mejora la amabilidad y la compasión. Esta técnica de meditación abre y elimina cualquier forma de energía negativa.

Los meditadores estarán en estado de silencio absoluto con respiración regulada y profunda. Luego, su atención se centra gradualmente en el latido del corazón con la pasión de hacer que el latido abarque todo el cuerpo del pensamiento. La mente luego comenzará a explorar bellas ideas en ritmo con la pulsación del corazón que parece una música. Este tipo de meditación es prominente en instituciones de salud y organizaciones de rehabilitación. También se afirma que la meditación centrada en el corazón ayuda a conectar el corazón de dos individuos que tienen la misma presencia para sindicalizar su pensamiento.

Meditación creativa: También conocida como visualización, la meditación creativa es un tipo de meditación completamente consciente durante el cual el ser humano puede cultivar y fortalecer diferentes formas de salud. Se enfoca principalmente en la construcción y ejecución de cualidades conscientes que ayudan a mejorar el bienestar general, tales cualidades pueden incluir audacia y compasión. Esta forma de meditación no necesita necesariamente una posición corporal estipulada y es completamente consciente del entorno inmediato con respuesta comunicativa al entorno.

BENEFICIOS DE LA MEDITACIÓN

El efecto de la meditación en humanos no puede ser enfatizado en toda la coordinación de las actividades diarias del ser humano. Algunos de los beneficios han sido conocidos por los meditadores tan pronto como el surgimiento de la meditación en el mundo antiguo, pero aparentemente muchos de los beneficios se centran en el apogeo del siglo pasado. Explorando el componente distintivo del ser humano, clasificaremos los beneficios de la siguiente manera,

Psicológicamente: la mente, como es generalmente aceptada en el mundo de la psicología, tiene un papel muy importante en el bienestar total del ser humano. Ya que se cree que la mente abarca emociones, sentimientos y percepciones entre otros, se torna evidente que cualquier influencia en la mente tendrá una consecuencia directa en los parámetros enumerados.

Ivan Pavlov, el psicólogo ruso del siglo XX realizó varios experimentos de ansiedad y la influencia que la mente tiene sobre ello, concluyó a partir de inferencias que el estado de la mente se refleja directamente en la reacción de quien lo padece a los eventos en su entorno. Un encuentro nervioso previo puede provocar un sentimiento de malestar mental y desagradable. Por lo tanto, la mente se refresca mejor después de haber sido estresada antes de exponerla a otro tema, para minimizar la proyección y la ambigüedad emocional.

También se conoce que la capacidad cognitiva humana se desgasta drásticamente, ya que simultáneamente procesa eventos que resultan en debilidad de la memoria al almacenar información. Las investigaciones muestran que esto solo puede ser rectificado por la realineación de la mente.

Hasta ahora, tanto la renovación como la realineación de la mente se logran mediante un estado de relajación física y consciente, que está completamente contenida por la meditación.

Fisiológicamente: científicamente, la fatiga del organismo se ha atribuido a la concentración de CO_2 en la sangre que resulta de la continua descomposición de las ingestas químicas para dar energía. El cerebro interpreta el aumento de CO_2 y con una serie de mecanismos que reducen el suministro de oxígeno al cerebro, y luego aparecen la somnolencia, la falta de atención y la baja productividad, esto suele persistir y empeorar hasta que todo el cuerpo está sujeto a la relajación, generalmente informa del sueño. Pero las circunstancias surgen cuando hay un tiempo limitado para dedicar el descanso, en este caso, una meditación oportuna y frecuente entre largas horas de trabajo relajará nuestro cuerpo y reabastecerá nuestra mente para mantener la productividad.

Un estudio en la Universidad de Harvard muestra que provocar la respuesta de relajación corporal podría afectar positivamente a nuestros genes en poco tiempo. Además, se demostró que el meditador a largo plazo a menudo ha aumentado el volumen de materia gris en la corteza orbitofrontal derecha y en la región del hipotálamo del cerebro, que también es responsable de la regulación emocional.

Espiritualmente: evidentemente, el origen de la meditación en diferentes entornos culturales ha demostrado que está más motivado espiritualmente que cualquier otro. Esto implica que los beneficios espirituales de la meditación son los factores principales que vinculan a las sociedades más importantes.

Las personas a menudo alcanzan el estado de creer en la pureza mental, en el sentimiento de seguridad emocional y en la explicación de acciones cuando practican la religión. Las investigaciones han demostrado que los meditadores de la religión son menos propensos a sufrir retrasos o trastornos nerviosos debido a la supuesta conexión con el ser divino. Los psicólogos han demostrado el efecto que la espiritualidad tiene en la manera en que las personas manejan una gran decepción en la vida, mientras que algunas personas la atribuyen a una prueba divina. Y esto, evidentemente, ha ayudado al humano a alcanzar y disfrutar el beneficio anterior.

Chanaky, el filósofo indio del siglo III observó que "La espiritualidad es el escape que tiene el hombre ala agobiante realidad".

Socialmente: Sigmund Freud teorizó que el ser humano es un animal agresivo muy interesado en proyectar en su sociedad en busca de respeto y honor. A menudo ajusta su comportamiento para atraer a una parte más grande de la sociedad, al menos externamente. Se sabía que los comportamientos como la ira, la violencia y la baja capacidad mental eran antagonistas del hombre para alcanzar el estado social deseado. Se han adoptado varias acciones para deshacerse o suprimir los comportamientos antagónicos.

Entre las acciones generalmente efectivas se encuentra el reflejo de los esfuerzos a través de la meditación reflexiva. Se ha demostrado ampliamente que esto ayudó a los individuos a mejorar su coordinación social y, en consecuencia, a obtener el resultado social deseado.

Este y otros beneficios de meditación mencionados hasta ahora han colocado a la meditación como una práctica importante en varios aspectos de la vida humana.

Antes de meditar

Convicción: la meditación es una práctica que abarca la mente y el cuerpo de quienes la practican. Por lo tanto, la total aceptación y creencia en la capacidad de alivio de la práctica debe ser del mayor interés para los meditadores, ya que la meditación bajo presión o la pretensión eventualmente no producirá satisfacción. Los meditadores deben construir una relación positiva hacia la meditación, esto ayudará a aumentar nuestra expectativa y posteriormente promoverá la satisfacción derivada de la meditación.

Entorno: este es un factor importante para considerar en todas las formas de meditación, aunque se sabe que algunas meditaciones son aptas para todas las formas naturales y, el entorno es el más efectivo para todas las formas de acción, el ruido y otras distracciones físicas son importantes factores antagónicos que tienden a interrumpir la conexión entre la mente y el entorno. (Temperatura)

Tiempo: la meditación se puede practicar en todo momento. Una vez que el factor anterior ha sido atendido. Pero es preferible que la meditación sea practicada en horas tempranas del día para evitar el trabajo y, por último, cuando las actividades se hayan reducido y la atmósfera haya recuperado su tranquilidad. Un estudio en la Universidad de Yale revela que el momento más efectivo de la meditación es entre el alba y el amanecer total, y cuando el día se ha transformado completamente de la oscuridad a la luz.

Cuerpo: También es importante tener en cuenta el estado del cuerpo antes de embarcarse en la meditación. La comodidad corporal no debe ser pasada por alto por el meditador, por lo tanto, se recomienda usar una prenda suelta o moderadamente ajustada para evitar calambres y molestias durante la meditación, que pueden distraer la mente en su estado de transformación. Además, un baño frío es bueno para mantener la temperatura corporal en un rango considerable y para aliviar el cuerpo de actividades extenuantes que podría haber hecho antes.

Debido a que el cuerpo es el primer pasaje hacia la mente, no debe mantenerse en el estado de incomodidad para garantizar una conexión adecuada entre las dos entidades. Este es el principal factor de meditación

Alimentación: el tipo de alimentación que se ingiere antes de la meditación tiene un efecto considerable en la eficacia de la meditación, ya que el hambre ocupará la mente por completo durante cualquier acción, ya sea la meditación o no. Luego se aconseja que el meditador debe consumir alimentos o, al menos, evitar el hambre. El cereal liviano o la fruta con suficiente agua son la mejor opción para consumir una o dos horas antes de la meditación para mantener el cuerpo fresco y, con ello, se dirige más atención a la mente, el principal objetivo de la acción. Se sabe que las comidas pesadas causan una gran incomodidad al cuerpo y el sueño inducido en la etapa temprana de la meditación que claramente no será de ayuda.

TÉCNICAS DE MEDITACIÓN

La preferencia personal es el principal determinante del tipo de técnica que un individuo elige en la meditación. El estado mental actual a menudo influye en la elección. Lo importante es que cada técnica tiene un resultado distintivo que puede no ser proporcionado por otra técnica de igual intensidad. Aquí se tratará una comprensión y una compilación modificada de técnicas modernas y antiguas. Con un marco para ayudar a comprender cómo se puede utilizar cada técnica y ayudar a las personas a elegir la opción correspondiente.

Meditación caminando: El trabajo de muchas personas los ha sometido a una posición estática, por lo general sentado o parado con varias operaciones con la mano que a menudo son tareas mentales. Las largas horas en una posición inducirán diferentes formas de estrés posicional con un impulso creciente para moverse y descansar la mano y el cerebro. Este conjunto de individuos está mejor con la meditación caminando entre horas de trabajo que pueden practicarse individualmente o en pareja, esto ayudará en el manejo de la energía emocional abrumadora que sienten los meditadores en su trabajo.

La meditación caminando se realiza mejor al aire libre, de manera aconsejable en el césped corto o en el suelo de piedra si está disponible. El meditador debe evitar cualquier calzado y hacer contacto directo entre los pies y el suelo, esto no solo aliviará los dedos sino que también asegurará la conducción del exceso de calor corporal a la tierra. Cuando el pie está plano en el suelo, el dedo del pie apunta hacia atrás. Sentirá la suela del pie y se puede sentir un cosquilleo sensorial, luego se asume una posición vertical con la mano metida en el bolsillo del pantalón o se sujeta detrás del cuerpo en estilo chino. Un par de respiraciones profundas hacia dentro y fuera se realiza antes de que los primeros pasos se realicen suavemente a un ritmo promedio de dos pies.

La caminata continúa y se debe hacer un esfuerzo para hacer que la caminata siga el ritmo de la respiración. La atención del meditador volverá suavemente a los pies. Las ideas que distraen usualmente del trabajo divagan en la mente. Se debe poner más atención en el equilibrio y la respiración para ayudar a nuestra mente a deshacerse de los pensamientos perturbadores, a que la mente comience a relajarse, y con la mano guardada firmemente en el bolsillo. Los meditadores a largo plazo a menudo informan la sensación de ver su respiración, lo que demuestra cuán efectiva puede ser la meditación caminando para aislar la mente de los pensamientos y proyectar el enfoque en la presencia.

En el caso de una la meditación caminando en pareja, el individuo puede participar en una charla cordial que sería muy diferente de los temas de trabajo. Dicha conversación no debe explorar la parte negativa del tema elegido, la conversación debe ser ligera.

Meditación sentada: Una vez que se ha

asegurado la comodidad general en términos de vestimenta y ambiente, la comodidad es una guía necesaria en esta técnica de meditación. Así como el dolor debe estar bien distanciado. El exceso de comodidad también afectará la práctica, por lo tanto, la postura de cada parte del cuerpo debe anotarse y ajustarse para dar la máxima concentración.

La posición de sentado común se asume con los glúteos colocados en un cojín blando. Las piernas se colocan en posición de loto por completo, semi loto o en silla.

Semi loto: aunque sentarse en semi loto no proporcionará una forma de base de trípode porque el peso se concentra solo en una rodilla y la pierna opuesta permanece relativamente relajada, es una técnica recomendada para los principiantes. Se recomienda alternar entre ambas piernas para aliviar las piernas el par de vez en cuando durante el transcurso de la meditación. También debe reservarse tiempo para fortalecer suavemente los músculos de las caderas y la ingle, y esto debe hacerse con cuidado para evitar la tensión muscular. El semi loto sentado requiere que la pierna izquierda se coloque sobre el muslo derecho o la pierna derecha sobre el muslo izquierdo y que se alivie el músculo cuando el dolor y la incomodidad son evidentes. Además, en la posición de loto se apoya con la mano para que la parte superior del cuerpo esté en posición vertical.

Loto completo: Es una posición común entre los expertos y los meditadores de larga data. El cuerpo se convierte en un trípode que mejora la estabilidad de la parte superior del cuerpo sin el apoyo de las manos, lo que lo convierte en la posición más estable y efectiva para la meditación. Para sentarse en la posición de loto completo, la pierna se coloca en una posición cruzada típica con la pierna izquierda colocada en la parte superior del muslo derecho. La pierna derecha se coloca en la parte superior del muslo izquierdo. La colocación de este último, que será bastante difícil al principio, pero la persistencia a lo largo del tiempo adaptará los músculos y le dará una mayor comodidad y concentración a la posición. Los meditadores deben asegurarse de que las caderas permanezcan niveladas todo el tiempo y que las piernas se hundan cada vez más a cada lado. Todo lo que sucede debe ser consciente durante la práctica. Si surge dolor con esta posición, se aconseja observar en lugar de la lamentar sobre el loto o el deseo de estar en otra parte. Retorciéndose, tratando de escapar o desafiándolo con apretar los dientes. Permanecer con el dolor pronto aclarará cómo tener éxito en la posición de sentado elegida.

Sentarse en la silla también es útil para aquellos que tienen dificultades tanto para el semi loto como para el completa debido a la deformidad física, el dolor muscular o la vejez. Una silla vertical con respaldo recto es lo mejor para la meditación. Los pies deben colocarse firmemente en el suelo con la espalda apoyada suavemente y ambas manos colocadas en los muslos. En esta posición, la pierna no debe cruzarse para permitir un buen contacto de los pies con el suelo. Prendas sencillas sin cinturón son las mejores prendas para sentarse en meditación.

Aflojar el cuerpo y la mente será la siguiente acción a tomar. La espalda, cuello, hombros y rodillas se fortalecen para aflojar los músculos. Los músculos de la cara también se pueden aflojar formando una expresión facial de media sonrisa. También se debe prestar mucha atención para alinear la postura de nuestro cuerpo para aliviar la espalda y evitar la aparición temprana de dolor, el flujo libre de la respiración también puede ser obstaculizado por una postura incorrecta. La espalda y el cuello deben enderezarse con la parte superior de la cabeza apuntando hacia el cielo. El estómago también se alivia si la barbilla se cae ligeramente. La posición de la mano puede ser de varias orientaciones, la cual está influenciada por los antecedentes culturales y espirituales, pero colocar la mano en el muslo con la palma hacia arriba es mejor para los meditadores más espirituales.

Los ojos pueden estar medio cerrados o totalmente cerrados, pero es mejor dejarlos medio cerrados para evitar el letargo y el sueño. Están diseñados para mirar hacia abajo a un par de pies de la parte frontal y el párpado se cerrará naturalmente a dos tercios, esto evitará que los ojos parpadeen y conducirán un retiro constante de la mente sin inducir el sueño. Si los párpados siguen fluctuando, entonces uno puede simplemente cerrar los ojos y, por lo tanto, mantenerlos firmes sin una presión extrema, en la posición de los ojos medio cerrados, el punto a la vista debe estar libre de objetos que puedan distraer la mente de la meditación, el punto claro es mejor inducir la mente con la nada.

Una vez que se ha establecido la postura correcta, el meditador debe proceder al factor principal de la meditación. Esto implica la inhalación y exhalación reguladora y controlada del aire durante la meditación, la boca está preferiblemente cerrada, la respiración se realiza a través de la nariz. La meditación es conocida como una acción que ayuda a la mente a controlar el pensamiento, por lo tanto, desviando la atención de todas las formas de meditación. El intento del meditador por controlar la respiración puede poner en peligro la calma mental. Por lo tanto, es mejor abandonar la respiración a la fuerza natural y hacerla profunda e intensa. Al principio, la respiración puede ser rápida o superficial, pero la relajación y la actitud de no aceptar ni rechazar los pensamientos que surjan ayudarán a desacelerar y profundizar el ciclo de exhalación e inhalación hasta que logre un suceso independiente y libre.

La respiración sigue haciéndose más delgada y cada vez más sutil, haciendo que la mente se estabilice y se calme, la frecuencia y la intensidad de la respiración pueden ser usadas para clasificarla. Las siguientes son las principales clases de respiración.

Respiración ventosa: como su nombre lo indica, el sonido que produce el ciclo de inhalación y exhalación es audible y se dibuja a una velocidad relativamente lenta, la atención se desplaza fácilmente a la práctica de respiración y, por lo tanto, acelera la tranquilidad. Es común entre los seniles que practican la meditación, especialmente si tiene una cantidad de grasa corporal relativamente alta.

Respiración agitada: A menudo como resultado de la mente perturbada, la respiración solo produce un sonido débil con el rápido ascenso y descenso del diafragma, que indica la velocidad de la respiración. Los meditadores experimentan una sensación de inhalación inadecuada y aumentan los latidos del corazón. La atención inconsistente se desviará de la respiración al incremento, aunque en contra del esfuerzo del meditador. La respiración agitada resulta en una meditación ineficaz y fallida porque la mente experimenta una calma mínima y el pensamiento puede surgir a medida que la ansiedad continúa. Por lo tanto, se debe hacer un esfuerzo para evocar recuerdos agradables e ideas que puedan ayudar a reducir la ansiedad y, finalmente, modificar la respiración.

Bocanada de aire: el ciclo de inhalación y exhalación no presenta ninguna obstrucción y no se produce ningún sonido audible, pero los pulmones no se llenan durante la inhalación y no se logra la sensación de calma. También es difícil concentrarse totalmente en esa respiración y los pensamientos perturbadores se reprimen lentamente. Este tipo de respiración puede mejorarse mediante la práctica constante con un aumento secuencial en la duración de la meditación.

Respiración silenciosa: no hay sonido ni obstrucción, ni aspereza ni suavidad acompañadas por un tiempo silencioso cuando uno no siente la respiración como una tarea, sino como un fenómeno normal, la respiración silenciosa se armoniza fácilmente y mejora el incremento de la calma que resulta en una mente rápidamente estable, con práctica constantes a menudo toma un respiro silencioso unos momentos para regular.

Contar la respiración

Una vez que la respiración se estabiliza, un juego mental o contar la respiración ayudará a alcanzar el estado de nada, el conteo es de una unidad de decenas con la exhalación y la inhalación cuenta como dos. Es decir, inhalar...1 exhalar...2, el conteo debe continuar hasta el 10 y termina con el espirado, luego el conteo comenzará nuevamente desde uno y continuará en serie durante toda la duración de la meditación, si la mente divaga o dormita, el meditador debe comenzar el conteo desde el principio y hacer uso de la boca sin hacer sonido, con el tiempo el conteo armoniza con la respiración y la respiración se asemeja al auto-conteo en dígitos.

Cuando se hayan alcanzado los objetivos del conteo de la respiración, el siguiente paso debe ser rastrear la respiración. La mente debe haberse relajado y el cuerpo se habría embarcado en la renovación gradual de sus ciclos fisiológicos, la mente sentirá escapar de la jaula del cuerpo y se moverá libremente a medida que fluye la respiración. Ting Chen, una vez, describió el rastreo de la respiración como el proceso de "disiparse como una nube y desvanecerse como una niebla", esto sucede cuando la mente se libera del aburrimiento.

Meditación libre: es un híbrido de varias técnicas de meditación con reglas y procedimientos guía limitados. A menudo se le conoce como meditación ocupada o de prisa. La meditación libre es una práctica que se realiza temprano en la mañana por personas con un horario ocupado para realizar una meditación concentrada. Mientras realiza otras actividades, el meditador mantiene un estado de silencio puro, es decir, sin decir ninguna palabra tras despertar. Los ojos se dejan abiertos o cerrados de acuerdo con otras actividades en este momento, la respiración se mantiene en forma de aire y el movimiento de las extremidades es bastante lento y constante. Música soul tocada suavemente con un instrumento minimalista puede ser reproducida como tono de fondo para armonizar el movimiento del cuerpo. También se hace un esfuerzo para desvincular la mente de las actividades diarias excesivas a fin de desviar la asignación a la respiración.

Esto puede continuar mientras el meditador se esté preparando para el día. Cuando termine, el meditador debe hacer su primera declaración, generalmente saludando incluso si está solo. Tal declaración como llamar es su propio nombre completo, diciendo "buenos días" en el espejo con una sonrisa alegre en su rostro. Se ha observado que esto influye positivamente en cualquier otra actividad a lo largo del día.

Además, el meditador puede tomar un vaso de agua antes o inmediatamente después de la meditación, lo que influirá positivamente en el cuerpo.

Meditación para dormir: Este tipo de meditación es la última actividad del meditador durante todo el día. A menudo se lleva a cabo en la posición de dormir (cama o colchón). Luego de que la comodidad del cuerpo se haya buscado a través de la comida, ducha y quitarse vestimenta. Los ojos deben estar parcialmente cerrados o totalmente cerrados, pero no deben dejarse abiertos. Debe recostarse sobre su espalda o de lado de acuerdo con sus preferencias y el lado derecho es mejor si está acostado en el lado preferido. La respiración se mantiene como se explicó anteriormente. La respiración amplia es la mejor para esta técnica de meditación. Y la mente no debe ser restringida, ya que rebobina las actividades de todo el día. Esto ayudará mucho a manejar el trauma y las emociones que habían ocurrido durante el día.

La intensidad de la luz es aconsejable que sea baja y no debe estar en contacto directo con los ojos, si los ojos no están totalmente cerrados. La música suave también es de gran ayuda para esta técnica de meditación. Se debe evitar demasiado calor y la meditación durante el sueño se practica mejor con una ventilación adecuada.

Se debe tener en cuenta que el objetivo

principal de esta técnica es crear un pasaje simple para dormir, por lo tanto, se debe esperar que se duerma antes en la práctica y se debe fomentar aumentando la intensidad de la respiración. También influye en el tipo de sueño que se escenifica durante el sueño, esto implica que la mente debe detenerse en la experiencia placentera del día.

FORMAS DE MEDITACIÓN

Meditación de deidad: Esta es una forma espiritual de meditación en la que los meditadores se visualizan a sí mismos como una deidad o dios, generalmente en forma similar con aquellos con los que ya están familiarizados. La recitación espiritual y el mantra también son características de la meditación. El poder de meditar el sentimiento de compasión y sabiduría. También ayuda a realzar la filosofía espiritual de los meditadores. Del mismo modo, ayuda a los meditadores a liberarse de aferrarse a sí mismos, ya que él/ella ya no se identifica con el ego egoísta ordinario, sino que está dotado de cualidades iluminadas.

La práctica de la meditación de deidad es común entre los budistas imaginándose a sí mismos en la imagen de deidades como GreenTara, Chenrezig, Vajrasaltare, entre otros. Se considera la mejor forma de meditación que puede ayudar a mejorar la dependencia de las circunstancias espirituales personales.

Meditación sobre las impurezas del cuerpo: esta meditación está diseñada para combatir la lujuria y el deseo incontrolable por las relaciones sexuales. Esta forma de meditación fue desarrollada para ayudar a los seguidores a frenar su impulso sexual, mantener sus mentes en una meditación puntual. Los creyentes asumen que cada parte del cuerpo se alcanza a través de la mente. Toda forma de impurezas se limpia luego a lo largo del estado de nada en la mente. Al hacer meditadores no será víctima de una exagerada belleza corporal. Y la forma humana se puede ver de una manera más equilibrada.

Meditación del recuerdo de la bondad: El objetivo principal de esta meditación es recordarnos la bondad de nuestras madres para desarrollar un corazón de gratitud hacia ellas. También en el desarrollo del sentido de la responsabilidad para pagar la bondad con amabilidad. El meditador afirma que la meditación del recuerdo de la bondad es poderosa para combatir el odio que podríamos tener hacia nuestros padres.

Ecuanimidad de meditación: Las personas que conocemos se clasifican principalmente en aquellos a quienes amamos, a los que odiamos o hacia los que nos sentimos indiferentes. De acuerdo con el principio de esta meditación, estas categorías son ilusiones y no debemos fijar la etiqueta permanente a las personas porque siempre estará cambiando el fenómeno. Esta meditación ayuda a romper la etiqueta que hemos dado a las personas en nuestra vida al hacer una presentación consciente de cada personaje como una criatura inocente y nueva sin ninguna mención negativa hacia nosotros. Por lo tanto, podemos desarrollar amor, bondad y compasión a todos.

Meditación del aprecio por la vida: Según Buda, obtener un renacimiento humano es muy raro. Además, obtener una vida humana es la condición para poder practicar la enseñanza de la vida. Esta meditación se enfoca en lo difícil que es obtener esta vida humana para que podamos apreciar la oportunidad que tenemos. Está bien promocionado entre personas con menor esperanza de vida, como lisiados y con enfermedades terminales.

Meditación de la culpa: esta forma de mediación se enfoca más en el sufrimiento múltiple que el ser mortal experimenta en este mundo. Aunque esta meditación ayuda a desarrollar compasión por los demás, su objetivo principal es difamar el material externo del mundo, como el dinero y la posesión, como fuente de felicidad temporal que se desvanecerá con el tiempo. También aprovecha que la felicidad solo se puede encontrar genuinamente en el interior, no a partir de material externo. La meditación sobre la culpa también ayuda a fortalecer el renunciamiento y a ayudar a los humanos desde la búsqueda ciega del placer insatisfactorio del mundo.

Meditación Koan: Esto implica una meditación en una frase o pregunta que repetidamente viene a la mente. Tal pregunta generalmente no puede resolverse a través del pensamiento conceptual e intenta empujar la mente del meditador más allá del pensamiento, traumatizando así al meditador. Es la creencia de que un breve corte del proceso intelectual a través de golpear la pregunta o frase con un enfoque óptimo puede llevar a la realización directa del misterio detrás de nuestra curiosidad. El ejemplo de la meditación Koan es sobre preguntas como "qué pasaría si no naciera" y "dónde se encuentra el alma humana".

Solo Meditación: como lo implica, es una meditación sin objeto cuando la mente no está enfocada en un pensamiento. El objetivo de solo meditación es permanecer sentado y concentrar todo nuestro enfoque en la respiración hasta lograr un estado mental libre. Los pensamientos que logran surgir se dejan de divagar sin concentrarse en ellos hasta que se alejan y dejan la mente en blanco. La noción de esta meditación se desarrolla a partir de la respiración, donde se imagina el ascenso y el paso del fenómeno sin demora.

Meditación Metta: Esta meditación tiene como objetivo aumentar nuestro sentimiento de bondad amorosa hacia las personas que nos rodean, independientemente de su comportamiento hacia nosotros. La etapa inicial de esta meditación incluye la proyección de un enfoque hacia el amor que ya está sujeto a nuestras emociones positivas, esta ayuda fortalece el cuidado y el amor interpersonales. Luego, se avanza para abarcar a las personas que etiquetamos como enemigos en la meditación con el objetivo de construir el perdón y la pasión hacia ellos.

Meditación sobre la semejanza de uno mismo y otros: esta meditación tiene como objetivo resaltar nuestra humanidad compartida. El meditador imagina a todos como una réplica de sí mismo con la misma mente y emociones. Imagina que cualquier forma de sufrimiento o injusticia en otros es indirectamente un acto de injusticia en sí mismo. Esto aumentará la compasión que los humanos tienen unos con otros. Los cristianos orientales suelen basar la meditación en la enseñanza de Jesucristo: "haz con otros lo que deseas que te hagan a ti". La creencia de que todos los humanos tienen derecho a nuestro amor, independientemente de su personalidad.

Meditación de calma: se trata de mirar la respiración como nuestro sujeto de meditación. Está diseñada específicamente para enfocar nuestra mente en el rastreo de la respiración y reducir la distracción. No es raro usar un factor externo para esta meditación. Tales objetos son naturales como la luna llena y el árbol frutal que representan la paz. Todo el enfoque se coloca en el objeto sin desarrollar un pensamiento concreto sobre ellos.

Es una creencia traer mayor paz, felicidad y claridad a la vida de uno si se practica con frecuencia. También ayuda a desarrollar una mente concentrada para crear una visión de nuestra verdadera naturaleza.

Experiencia de novela: es una actitud ficticia e imaginativa hacia nuestro entorno. Naturalmente, el cerebro humano es una máquina de detección de fallas que tiende a analizar las acciones repulsivas de las personas y registrar su personalidad con tales acciones. La experiencia de novela ayudará a crear una nueva perspectiva en individuos ya etiquetados y redirigirá nuestra mente de la negatividad. De manera similar, para la Meditación Metta, esto ayuda a construir el perdón y la compasión hacia las personas en nuestra sociedad. El rasgo distintivo de esta forma de meditación es que se basa en ideas puramente imaginativas y ficticias, acuñadas y organizadas en el curso de meditación.

PAUTAS SOBRE LA MEDITACIÓN

Las siguientes son algunas pautas generales para todas las técnicas de meditación para ayudar a mejorar el resultado deseado.

Postura correlativa: cada técnica de meditación tiene una postura única que ayuda a alcanzar el estado mental relajado en un corto tiempo. La facilidad y la comodidad deben ser adecuadas durante un periodo prolongado, especialmente durante más de 20 minutos. Esto evitará el dolor y las molestias de la parte del cuerpo que puede afectar nuestro enfoque. Además, la meditación a corto plazo no debe realizarse en un estado demasiado reconfortante para evitar quedarse dormido.

Incremento gradual en la duración: Los principiantes a menudo se les pide que mantengan la duración de la práctica entre

10 y 15 minutos para aumentar su interés en la meditación. Luego seguirá el incremento secuencial y gradual de la duración. A medida que la mente y el cuerpo se acostumbran a la técnica, se puede dedicar más tiempo a explorar más profundamente en la mente. Dicho incremento puede ser en secuencia de cinco minutos o más, según convenga.

Consecuencia: las consecuencias de la técnica elegida deben considerarse y entenderse antes de la práctica. Algunas formas de meditación inducen el sueño después de la práctica. Dicha meditación no se puede arreglar durante el día cuando el meditador tiene más trabajo que hacer. Además, la meditación que es profundamente relajante se realiza preferiblemente una hora antes de la comida o la comida debe realizarse poco después de la práctica.

Regularidad: la meditación debe llevarse a cabo a menudo para mantener la relación con la mente. La falta de práctica afectará la capacidad de adaptación de la mente y desmejorará que la terapia en aumento que ella brinda. Se deben hacer esfuerzos para cumplir con el programa establecido, también debe evitarse impedir que se realice. Se aconseja realizar meditación en un promedio de dos veces al día.

Naturalidad: algunas personas piensan que deben sentarse perfectamente quietas mientras meditan. Es recomendable ser natural. La picazón debe rascarse cuando se padece y uno debe sentirse libre de cambiar de posición cuando existe una molestia que tiende a distraer. Aunque el movimiento debe ser restringido a menos que sea una técnica para caminar. Esto mantendrá la sensación de libertad en el cuerpo mientras la mente se relaja.

Manejo del pensamiento: Los pensamientos surgen espontáneamente en la mente. Son parte natural de la meditación. El papel de la meditación es sentirse más a gusto, relajado y en paz con todo lo que está sucediendo. Por lo tanto, es importante no resistir los pensamientos que ocurren, así como no detenerse en ellos. Cuando se observa que la conciencia ha sido atrapada en una serie de pensamientos, la mente debe volver fácilmente al enfoque de la meditación basado en la técnica empleada.

En la meditación de respiración, por ejemplo, es más fácil redirigir la mente en la exhalación y la inhalación de aire. Es importante entender que uno no se equivoca cuando la mente queda atrapada en el pensamiento, es natural. Es recomendable considerar el pensamiento como la nada de la actividad de la mente.

Ruido: la meditación es mejor disfrutarla en un lugar tranquilo. Pero en circunstancias extremas, cuando es difícil evitar el ruido, el meditador no debe, por sí mismo, bloquear el ruido. Más bien debe dejarlo ser y la meditación debe continuar con el máximo enfoque en la mente y la respiración. Si no puede lidiar con ruido sin perder el enfoque, entonces, se pueden tomar medidas para obstruir el ruido usando. Prendas para la cabeza para amortiguar el sonido.

Quedarse dormido: con suerte, en la meditación entramos en un estado de"noresistencia", con suerte, en la meditación entramos en un estado de "no resistencia", esto incluirá no resistir el sueño si llega. Al luchar contra el sueño nos esforzamos en contra del objetivo de la facilidad para practicar la meditación. Por lo tanto, si llega el sueño, podemos dejarlo ser.

Si el meditador descubre que con frecuencia se queda dormido durante la meditación, puede significar que la persona necesita dormir más por la noche y esto es un buen recordatorio de que uno no descansa lo suficiente.

Debe tenerse en cuenta que ningún acto puede reemplazar totalmente el papel del sueño, por lo tanto, la meditación no debe considerarse como un sustituto perfecto del sueño.

Finalizar la meditación: Es importante tomarse un tiempo para salir de la meditación lentamente. Cuando estamos profundamente descansados en la meditación, se puede sacudirse para levantarse de repente y comenzar nuestras actividades. Uno debe permanecer con los ojos cerrados por un minuto o dos. El estiramiento y un poco de movimiento nos llevarán gradualmente a la actividad. Los ojos primero deben estar abiertos, mirando hacia abajo y el parpadeo debe ayudar a adaptarse a la luz.

Uso de la recitación: cuando uno se da cuenta de que la mente está divagando, el uso de frases y la recitación especial lo ayudará a recuperar suavemente la atención para respirar, por lo que no debe considerarse a sí mismo como un mal meditador. Tal uso de la palabra en la meditación es "silencio", "paz" o religión y recita las creencias del meditador.

PAUTAS ADICIONALES SOBRE LA MEDITACIÓN CAMINANDO

Para este tipo de meditación caminando, elija un camino recto de unos 30 a 40 pies de largo.

Puede practicar descalzo, o llevar zapatos livianos.

Párese de pie, con los ojos hacia abajo mirando hacia alrededor de un metro y medio adelante (para evitar distracciones), sin mirar nada en particular. Algunas personas encuentran útil mantener los párpados entrecerrados.

Al caminar, ponga toda su atención en las plantas de los pies, en las sensaciones y los sentimientos a medida que surgen y desaparecen.

Sienta las piernas y los pies tensos al levantar la pierna. Sienta el movimiento de la pierna mientras se balancea en el aire. Note las sensaciones que se sienten.

Cuando el pie vuelve a tomar contacto con el camino, surge una nueva sensación.

Coloque su conciencia en esa sensación, como se siente a través de la planta del pie.

Una vez más a medida que levanta el pie, note mentalmente la sensación a medida que surge.

Con cada nuevo paso, se experimentan ciertos sentimientos nuevos y cesan los sentimientos anteriores: sentimientos que surgen, sentimientos que desaparecen, sentimientos que surgen, sentimientos que desaparecen. Esto debe ser reconocido con atención plena. Tenga en cuenta constantemente todas las sensaciones que surgen en la planta del pie.

No hay experiencia "correcta". Solo vea cómo siente la experiencia.

Camine de un lado a otro por el mismo camino corto. Cuando llegue al final de su ruta, deténgase por completo, gire, pare de nuevo y comience de nuevo.

Al principio, a la mitad y al final del camino, pregunte: "¿Dónde está mi mente? ¿Está en las plantas de los pies?", y así restablecer la atención plena. Cada vez que su mente se desvía de este enfoque, lo lleva de vuelta a su pie y las sensaciones del contacto con el suelo.

Su velocidad puede cambiar durante un período de meditación. Vea si puede sentir el ritmo que lo mantiene más íntimo y atento a la experiencia física de caminar.

En cualquier momento, si siente que la mente se está ingresando profundamente en la tranquilidad, y se siente como si estuviera quieto o sentado.

Día	Periodo	Duración	Respiración
1	amanecer	5-10 minutos	aire
2	Mañana	10-15 minutos	aire
3	Mañana y noche	10-15 minutos	ventoso
4	Mañana y noche	18 minutos o más	rocío

Cuadro 1A, un cuadro simple para ayudar a los principiantes en la meditación

INVESTIGACIONES CIENTÍFICAS DEL EFECTO DE LA MEDITACIÓN

La meditación ayuda a preservar el envejecimiento del cerebro

A study from UCLA found that long-term meditators had better-preserved brains than non-meditators as they aged. Participants who'd been meditating for an average of 20 years had more grey matter volume throughout the brain — although older meditators still had some volume loss compared to younger meditators, it wasn't as pronounced as the non-meditators. "We expected rather small and distinct effects located in some of the regions that had previously been associated with meditating," said study author Florian Kurth. "Instead, what we actually observed was a widespread effect de meditación that encompassed regions throughout the entire brain."

La meditación reduce la actividad del cerebro "centrada en uno mismo"

Uno de los estudios más interesantes en los últimos años, llevado a cabo en la Universidad de Yale, encontró que la meditación consciente disminuye la actividad en la red neuronal por defecto (RND), la red del cerebro responsable de los pensamientos que se desvían de la mente y auto-referenciales, también conocida como "mente de mono". El RND está "activado" o activo cuando no estamos pensando en nada en particular, cuando nuestras mentes simplemente están divagando de pensamiento en pensamiento. Dado que la mentalidad se asocia típicamente con ser menos feliz, rumiar y preocuparse por el pasado y el futuro, lidiar con ello es el objetivo de muchas personas. Varios estudios han demostrado que la meditación, a través de su efecto calmante en el RND, parece hacer precisamente eso. E incluso cuando la mente comienza a divagar, debido a las nuevas conexiones que se forman, los meditadores son mejores para salir de ella.

Sus efectos antidepresivos para combatir la depresión, la ansiedad

Un estudio de revisión el año pasado en Johns Hopkins examinó la relación entre la meditación consciente y su capacidad para reducir los síntomas de depresión, ansiedad y dolor. El investigador Madhav Goyal y su equipo encontraron que el tamaño del efecto de la meditación fue moderado, en 0,3. Si esto suena bajo, tenga en cuenta que el tamaño del efecto de los antidepresivos también es de 0,3, lo que hace que el efecto de la meditación sea bastante bueno. La meditación es, después de todo, una forma activa de entrenamiento cerebral. "Mucha gente tiene la idea de que meditación significa sentarse y no hacer nada", dice Goyal. "Pero eso no es cierto. La meditación es un entrenamiento activo de la mente para aumentar la conciencia, y diferentes programas de meditación abordan esto de diferentes maneras". La meditación no es una solución mágica para la depresión, ya que no hay tratamiento, pero es una de las herramientas que puede ayudar a controlar los síntomas.

La meditación puede conllevar cambios de volumen en áreas clave del cerebro

En 2011, Sara Lazar y su equipo en Harvard descubrieron que la meditación consciente puede cambiar la estructura del cerebro: se observó que ocho semanas de reducción del estrés basada en la atención plena (REBAP) aumentan el grosor cortical en el hipocampo, que rige el aprendizaje y la memoria, y en ciertas áreas del cerebro que juegan un papel en la regulación de la emoción y el procesamiento autorreferencial. También hubo una disminución en el volumen de las células del cerebro en la amígdala, que es responsable del miedo, la ansiedad y el estrés, y estos cambios coincidieron con los autoinformes de los niveles de estrés de los participantes, lo que indica que la meditación no solo cambia el cerebro, sino que también nuestra percepción subjetiva y nuestros sentimientos. De hecho, un estudio de seguimiento realizado por el equipo de Lazar descubrió que después de practicar la meditación, los cambios en las áreas del cerebro relacionadas con el estado de ánimo y la excitación también estaban relacionados con las mejoras en la forma en que los participantes se sentían, es decir, su bienestar psicológico. Entonces, para cualquiera que diga que las manchas activadas en el cerebro no necesariamente significan nada, nuestra experiencia subjetiva (un mejor estado de ánimo y bienestar) también parece haber cambiado a través de la meditación.

La meditación puede ayudar con las adicciones

Una cantidad en aumento de estudios ha demostrado que, debido a sus efectos en las regiones de autocontrol del cerebro, la meditación puede ser muy eficaz para ayudar a las personas a recuperarse de diversos tipos de adicción. Un estudio, por ejemplo, enfrentó el entrenamiento de plenitud mental frente al programa de la American Lung Association para dejar de fumar (FFS), y encontró que las personas que aprendieron plenitud mental tenían muchas más probabilidades de dejar de fumar al final del entrenamiento, y luego de un seguimiento de 17 semanas, en comparación con las del tratamiento convencional. Esto puede deberse a que la meditación ayuda a las personas a "disociar" el estado de deseo del acto de fumar, por lo que el uno no siempre conlleva al otro, sino que experimenta y elimina completamente la "ola" de deseo, hasta que pasa. Otras investigaciones han encontrado que el entrenamiento de la atención plena, la terapia cognitiva basada en la atención plena (TCBAP) y la prevención de recaídas basadas en la atención plena (REBAP) pueden ser útiles para tratar otras formas de adicción.

MAYORES DESAFÍOS DE LA MEDITACIÓN Y SOLUCIONES

Impaciencia

Sentir la necesidad de hacer otra cosa durante una sesión de meditación es probablemente el mayor obstáculo de la meditación. La impaciencia hace que terminemos las sesiones de meditación temprano, impide nuestra concentración y con frecuencia nos hace detener nuestra práctica por completo.

La clave para contrarrestar la impaciencia es reconocer la existencia misma del sentimiento en sí. Si sentimos la necesidad insaciable de hacer otra cosa, es importante reconocer el sentimiento de impaciencia en lugar de ceder. Al reconocer nuestra impaciencia, nos capacitamos para enfrentarlo de manera efectiva en lugar de permitir que nos gobierne.

Después de reconocer el sentimiento, debemos recordarnos que los beneficios de una práctica diaria de meditación nos ayudarán a ser más efectivos en todo lo que hacemos después, incluidas las actividades que están causando nuestra impaciencia. Una mente calmada y efectiva ayuda con la toma de decisiones, la ansiedad y el pensamiento claro.

En segundo lugar, al identificar y aislar el sentimiento de impaciencia, podemos practicar soltarlo, lo que nos lleva a la esencia de la meditación: reconocer los pensamientos improductivos y soltarlos.

Falta de tiempo

Muy a menudo establecemos intenciones de meditar con regularidad, pero nuestra práctica termina siendo rechazada por cosas "más importantes". A menudo sentimos que hay un millón de otras cosas que debemos hacer antes de tener tiempo para nuestra práctica de meditación.

La clave aquí es priorizar la meditación trabajando en nuestra percepción de ella. Si consideramos la meditación como una parte fundamental de nuestra rutina, como lavarnos los dientes o tomar una ducha, perder la meditación ya no es una opción. Pasamos por una rutina para preparar nuestros cuerpos físicos para el día, así que ¿por qué no tener una para nuestras mentes también?

Falta de sueño

Es muy, muy difícil de meditar sin dormir lo suficiente. Si comenzamos a meditar luego de dormir poco, a menudo nos sentimos somnolientos y terminamos quedándonos dormidos. ¡No es muy productivo! Además, un déficit de sueño reduce nuestra capacidad de concentrarnos y controlar nuestros pensamientos, lo que hace que nuestras sesiones de meditación sean mucho menos efectivas. También es menos probable que meditemos en primer lugar cuando la fatiga socava nuestra determinación.

¿Cuál es la respuesta? ¡Tómese un descanso y duerme un poco! Está bien dejarse llevar y permitirnos la restauración que necesitamos para tener éxito.

Sentirse sostenido

Sentirse bien puede ser nuestra mayor inspiración y nuestro mayor obstáculo. Si no somos cuidadosos, ¿sentirse bien puede erosionar sutilmente nuestra determinación de continuar con nuestra práctica de meditación? La idea de que debido a que nos sentimos bien, no necesitamos meditar parece que tiene sentido en la superficie, pero en última instancia deshará nuestro progreso si la seguimos. Puede ser tan simple como levantarse por la mañana y decidir descansar y disfrutar de la mañana en lugar de meditar porque "nos sentimos bien, así que todo está bien". Si la evitamos muchas veces, retrocederemos en nuestra práctica y perderemos la mentalidad positiva que cultivamos. Lo bueno es bueno, pero lo mejor es aún mejor. Solo podemos continuar bien si seguimos nuestra meditación. Enfocarse en mantener y mejorar la experiencia positiva.

Finalización corta

Este es un inconveniente muy sutil en nuestra práctica de meditación que puede llevar mucho tiempo superar si no nos damos cuenta de que está sucediendo. Esto ocurre durante una sesión en la que nuestra mente finalmente se establece en un lugar de calma y luego decidimos terminar inmediatamente la meditación porque creemos que hemos logrado nuestro objetivo. Al terminar nuestra sesión temprano, de hecho, estamos perdiendo los enormes beneficios de continuar.

Podemos pensar la meditación en dos pasos. El paso uno es lograr la calma inicial durante una meditación y el paso dos es sentarse con esa calma. Al residir en un estado de tranquilidad, profundizamos nuestra calma, mejoramos nuestra claridad y fortalecemos nuestro sentimiento de relajación durante el período posterior a la meditación.

Dolor corporal e irritación

El dolor corporal es común en la meditación. Pueden ocurrir debido a una postura corporal inadecuada o porque la mente está aumentando las pequeñas molestias que previamente han escapado a nuestra atención. También utilizando una esterilla tejida por la presión contra la superficie dura. La sensación de incomodidad supondrá una gran amenaza para la mente ya que se coordina con la relajación.

Alternativamente, uno puede encontrar una posición diferente para aliviar el dolor de la rodilla al sentarse en una silla con los pies plantados en el suelo. Además, las caderas y el dolor de espalda pueden aliviarse acostándose. Si estar acostado lastima la parte inferior de la espalda, intente doblar la rodilla y colocar los pies en el suelo mientras está acostado sobre la espalda. Si la sugerencia anterior no funciona, entonces la meditación ayudará.

FORMAS DE PROMOVER LA MEDITACIÓN EN NUESTRA SOCIEDAD

Debido a que el origen de la meditación puede ser fácilmente un encontrado en la antigua sociedad oriental, la práctica ha sido adoptada y modificada a lo largo de las generaciones. Luego, la visión cultural que tienen hacia la meditación hace que sea un aspecto importante de su vida social y cultural. También se reconoce y valora la importancia espiritual de la práctica en toda la sociedad oriental. Esto se hace evidente por la influencia de la meditación en cada religión que se origina en el Este.

Por el contrario, la meditación no ha sido ampliamente aceptada en la mayoría de la sociedad occidental. La configuración cultural de las sociedades occidentales había planteado una gran amenaza para la promoción de la práctica en la sociedad. Además, la diferencia en la filosofía espiritual y el valor ha estigmatizado la promoción de la meditación en estas sociedades. En la región tropical de África, por ejemplo, el silencio aislado por una duración considerable se interpreta como un signo de trauma o tristeza. Esta y otras diferencias son los retos de meditación en nuestra sociedad. Las siguientes recomendaciones resaltadas ayudarán a integrar el valor de la meditación en nuestra sociedad.

Conciencia: un mayor porcentaje de la población no es consciente de la filosofía social y la ventaja psicológica en el bienestar general del individuo. Los medios de comunicación pueden usarse para informar a la población a través de argumentos convincentes y una analogía demostrativa sobre el beneficio de la meditación y cómo se puede practicar. Conveniencia. Esto contribuirá en gran medida a promover la práctica en la sociedad.

Todas las instituciones de salud deben asumir la responsabilidad de educar sobre la mente acerca del efecto relajante de la meditación, ya que la mayoría de los problemas de salud son causados por el mal descanso y el exceso de trabajo. Esto ayuda a iniciar un descenso significativo en las estadísticas del problema de salud debido a un descanso inadecuado.

La adaptabilidad cultural es esencial en el intercambio de ideas con diferentes sociedades. Esto abrirá a la gente a la práctica existente en otra sociedad que puede ser útil para mejorar su propia forma de vida.

CONCLUSIÓN

Siendo una parte importante de la vida social humana, la meditación ha sido practicada durante generaciones en el mundo antiguo. En primer lugar, la práctica para fines religiosos, se ha descubierto que los beneficios de la práctica cubren una amplia gama en la vida humana, salud, psicología, mejora social, entre otros. Se han modificado varias técnicas para ayudar a la meditación a obtener un efecto maximizado de la práctica. Cada técnica ha definido procedimientos y pautas para establecer la armonía entre los factores de meditación. Se ha reconocido que el motivo para meditar tiene una gran influencia en la forma de meditar empleada.

Varios desafíos que representan una amenaza para la meditación han sido confrontados con soluciones sugerentes y su implementación. El mundo científico se ha dado cuenta de que la meditación, si se mejora, tendrá remedios duraderos para la mayoría de los trastornos mentales, por lo que se ha realizado un esfuerzo para explorar la relación. Si bien la mayoría de la sociedad occidental aún se mantiene en la práctica de meditación por razones socioculturales, la adopción de esta práctica contribuirá a mejorar varios aspectos del bienestar general de las personas. Hasta ahora, la meditación ha sido vista como el bálsamo definitivo para aliviar tanto el cuerpo como la mente del trauma de la vida humana.

www.ingramcontent.com/pod-product-compliance
Lightning Source LLC
Chambersburg PA
CBHW071901070526
44583CB00016B/1792